머리말

요즘 '문해력'이라는 말이 유행입니다. 서점가에 관련 책들이 쏟아져 나오며, 문해력을 키우기 위한 방법을 찾기 위해 동분서주합니다.

문해력(文解力)이란 간단하게 말해 '글을 읽고 이해하는 능력'입니다. 문해력을 키우기 위해서는 당연히 어휘력이 바탕이 되어야 합니다. 그리고 어휘력을 키우기 위한 가장 좋은 방법은 평소 꾸준하게 책 읽는 습관을 기르는 것입니다. 하지만 요즘 아이들은 대부분 독서보다는 스마트폰 게임과 유튜브 영상 시청을 좋아합니다. 그러다 보니 교과서에 나오는 가장 기본적인 어휘의 뜻도 이해하지 못하거나, 글자를 읽을 수는 있지만 글의 의미를 파악하지 못하는 경우가 많습니다.

　아이들의 어휘력, 문해력을 키워 주기 위한 첫걸음은 바로 초등학교 교과서에서 시작해야 합니다. 교과서에 나오는 어휘의 뜻을 정확하게 이해하며, 익혀야 합니다.

　이 책은 초등학생들의 어휘력을 길러 주기 위한 목적으로 만들어졌습니다. 초등학교 국어, 수학, 통합 교과서에 나오는 중요 어휘를 엄선하여 재미있는 퍼즐로 구성하였습니다. 아이들은 교과서 낱말 퍼즐을 풀면서 자연스럽게 어휘를 익힐 수 있고, 그 어휘를 사용하여 새로운 문장을 만들어 보고, 직접 말해 봄으로써 내면화시킬 수 있습니다.

　우리 아이가 풍부한 어휘력을 바탕으로 문해력을 키워 나가는 데 이 책이 일조했으면 좋겠습니다. 책을 만드는 데 많은 도움을 준 이정아 님과 키움 출판 관계자분들께 깊은 감사를 드립니다.

해피이선생(이상학)

- 현직 초등 선생님이 뽑은 초등 교과서 필수 단어로 낱말 퍼즐을 만들었습니다. 따라서 이 책의 낱말 퀴즈를 다 풀고 나면 교과서의 내용을 쉽게 이해할 수 있습니다.

- 풀이를 보고 낱말을 유추하는 과정에서 어휘력이 길러지며, 비슷한 말, 반대말, 예문을 통해 어휘력의 폭이 넓어집니다.

- 어린이가 부담스럽지 않도록 하루에 낱말 퍼즐 하나씩, 총 6주 분량으로 꾸몄습니다.

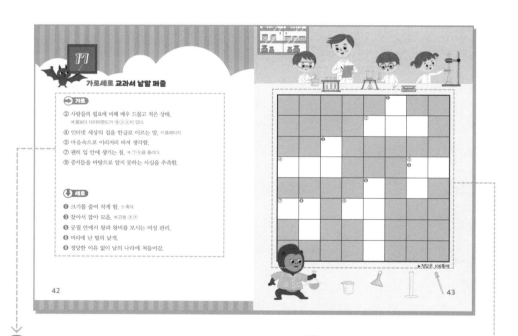

1
왼쪽의 뜻풀이를 보고 떠오르는 낱말을 오른쪽에 써넣어요. 비슷한말, 반대말, 예문을 참고해요.

2
먼저 써넣은 낱말의 글자를 힌트 삼아 나머지 빈칸에도 알맞은 단어를 넣어요.

3 칸을 다 채우면 뒤쪽의 정답을 확인해요.

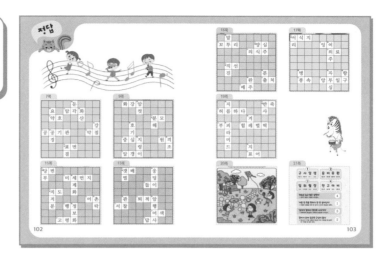

4 7개의 낱말 퍼즐을 다 풀 때마다 나오는 재미있는 퀴즈를 풀어요.

5 퍼즐에 나온 낱말을 ㄱㄴㄷ 순으로 되어 있는 낱말 사전에서 찾아봐요.

가로세로 교과서 낱말 퍼즐

→ 가로

③ 바위나 동굴의 벽에 칠하거나 새긴 그림. 비바위그림

⑤ 간단하고 알기 쉽게 만든 부호.
예 ○○○를 너무 많이 쓰면 오히려 이해하기 어렵다.

⑦ 국가나 사회의 이익을 위해 일하는 기관
예 정부의 방침에 따라 운영되는 ㄱㄱㄱㄱ

⑨ 남에게 뒤떨어지거나 떳떳하지 못한 점. 반강점

⑩ 물체의 가장 바깥 부분. 비겉면

↓ 세로

❶ 90도보다 크고 180도보다 작은 각. 반예각

❷ 말이나 글을 간추림. 예 줄거리 ○○

❹ 마그마가 지표의 약한 부분을 뚫고 분출하여 생긴 산.

❻ 남들보다 더 뛰어난 점. 반약점

❽ 공손히 받들어 모심.

⑩ 투표를 하여 결정함. 예 ㅍㄱ에 붙였다.

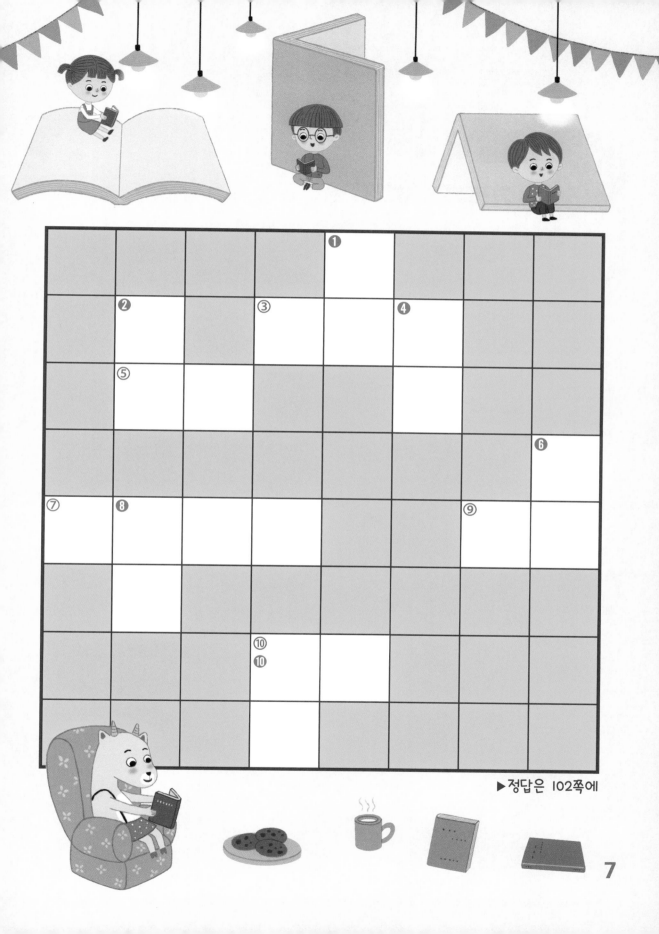

▶정답은 102쪽에

7

02

가로세로 교과서 낱말 퍼즐

➡ 가로

① 흰색이나 엷은 회색을 띠며 건물을 지을 때 많이 쓰는 단단한 암석.

③ 분수에서 가로줄 아래에 있는 수나 식. 반분자

⑤ 활동의 중심이 되는 곳. 예교통의 ㅈㅅㅈ

⑦ 멀리 떨어져 있음. 예온라인 ㅇㄱ 수업

⑨ 작은 열매나 곡식 낱알. 예옥수수 ㅇㄱㅇ는 노랗고 작다.

⬇ 세로

❷ 암수 구별이 있는 동물 중에 알이나 새끼를 배는 개체. 반수컷

❸ 결합되어 있던 것을 낱낱이 나눔. 반결합

❹ 새로운 것을 알고 싶어 하는 마음.

❻ 몸이 긴 원통형으로 가늘고, 마디가 많으며 흙 속에 사는 동물.

❽ 격식에 맞는 가락. 예ㄱㅈ 높은 가야금 연주

▶정답은 102쪽에

9

０３

가로세로 교과서 낱말 퍼즐

→ 가로

① 어떤 일을 책임지는 차례가 된 사람.

② 눈에 보이지 않을 정도로 작은 먼지. 예황사로 인해 발생한 ⓂⓈⓂⒿ

④ 땅의 모양을 크기를 줄여 평면에 나타낸 그림.

⑤ 사는 사람들이 주로 어업에 종사하는 마을.

⑦ 정치나 사무를 행함. 예ⒽⒿ업무

⑨ 한 사회에서 노인의 인구 비율이 높은 상태.

↓ 세로

❶ 말로 단단히 하는 부탁. 예선생님의 ⒹⒷ를 전하다.

❸ 세계의 많은 나라를 이해하는 일.

❹ 더럽고 어수선한 모습.

❻ 여러 집이 모여 사는 시골의 마을.

❽ 지식을 정보의 형태로 가공함. 예인터넷의 발전으로 ⒿⒷⒽ가 빨라졌다.

▶정답은 102쪽에

04 가로세로 교과서 낱말 퍼즐

➔ 가로

① 갯가에서 물을 건너는 작은 배.

③ 그릇 안에 넣을 수 있는 최대의 양. 예 10리터㉢㉧ 쓰레기 봉지

⑤ 사암, 역암처럼 퇴적 작용으로 생긴 암석.

⑦ 안부나 용무를 적어 보내는 글을 나타내는 옛말.
예 멀리 사는 영감에게 ㉦㉨이 왔다.

⑧ 마주 대하기 자연스럽지 못함.

⑨ 현장에 가서 직접 조사함. 예 문화 유적 ㉢㉦

↓ 세로

❶ 바닷가에서 썰물이 되면 물 밖으로 드러나는 평탄한 땅.

❷ 움푹 패어 물이 괴어 있는 곳. 예 빗물이 고인 ㉧㉢㉧

❹ 물체나 현상을 주의 깊게 살펴봄.

❻ 조선 시대에 왕명을 받아 비밀리에 지방을 순찰하던 임시 관직.
예 ㉧㉭㉧㉦ 출두요!

▶정답은 102쪽에

가로세로 교과서 낱말 퍼즐

→ 가로

② 콩과 식물의 씨앗을 싸고 있는 껍질. 비콩깍지

③ 옳고 그름의 판단을 내리는 도덕적인 마음.

④ 옷과 음식과 집.

⑤ 곧은 선.

⑧ 어떤 말이나 사물이 생긴 근거. 예ㅊㅊ를 밝히다.

⑨ 간장, 된장, 고추장을 담그는 원료. 콩으로 만든다.

↓ 세로

❶ 말을 하는 버릇. 예차분한 ㅁㅌ

❸ 일정한 형식.

❺ 한 방향으로 곧게 나아감.

❻ 액체나 기체가 솟구쳐 나오는 모습. 예화산에서 용암이 ㅂㅊ되었다.

❼ 목표 지점까지 다 달림.

▶정답은 103쪽에

06

가로세로 교과서 낱말 퍼즐

→ 가로

① 생물이 자리를 잡고 사는 곳. 〔예〕호랑이의 ⓼⓼ⓩ

② 쓰고 남은 것. 〔비〕나머지

④ 의술로 병을 고치는 일.

⑧ 예로부터 전해 오는 사회의 습관.

⑨ 세종대왕의 명으로 만들어진 조선 시대의 해시계.

↓ 세로

❶ 수증기가 땅이나 물체에 얼어붙어 있는 것.
〔예〕농작물이 간밤에 ⓼ⓛ를 맞았다.

❸ 용의 턱 아래에 있는 신비한 구슬.

❺ 방 안에 세울 수 있고, 접었다 폈다 할 수 있는 나무틀로 짠 판.
〔속〕ⓑⓟ에 그린 꽃이 향기 나랴.

❻ 자신을 믿고 당당히 여기는 마음.

❼ 바닷가에서 배가 안전하게 드나드는 곳.

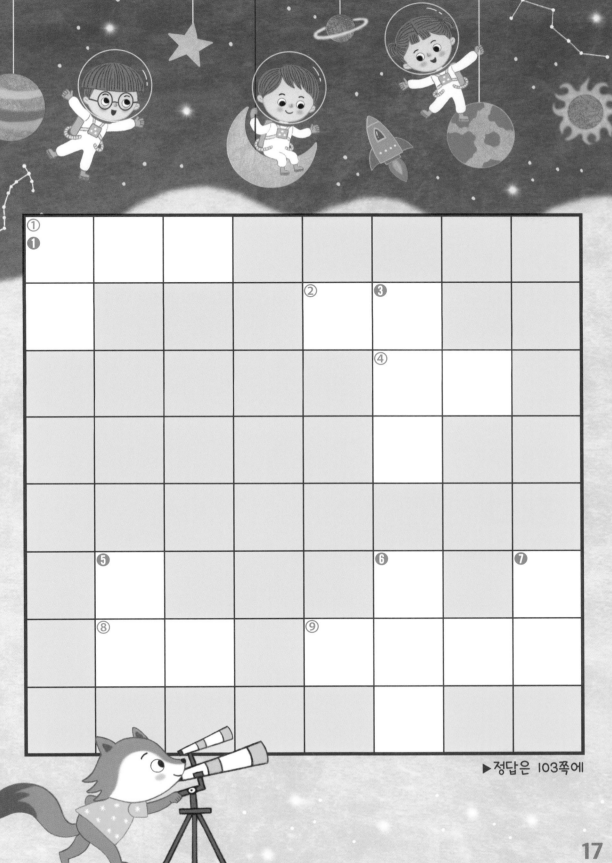

▶정답은 103쪽에

가로세로 교과서 낱말 퍼즐

→ 가로

② 가루에 물을 부어 이겨서 갬.

③ 값이 좀 싼 듯하다.

⑤ 물건이 공간에서 차지하는 크기.

⑦ 숨을 거칠게 몰아쉬는 모양.

⑨ 주장을 간결하게 나타낸 짧은 말. 예불조심 ㅍ○

↓ 세로

❶ 원의 중심을 지나는 직선.

❷ 쏘아진 무언가가 다시 돌아감. 비되비침

❹ 같은 핏줄을 이어받은 민족. 비민족

❻ 사각뿔 모양으로 고대 이집트 왕족 무덤의 한 형식.

❽ 땅의 겉면. 비땅거죽

▶정답은 103쪽에

19

퀴즈 01

그림 속에 8개의 물건이 숨어 있어요.
<보기>에 쓰인 물건을 모두 찾아보세요!

보기

나침반, 공룡, 돋보기, 항아리
저고리, 주사위, 밧줄, 애벌레

▶정답은 103쪽에

뜻풀이를 읽고 보기에서 알맞은 사자성어를 찾아 번호를 쓰세요.

① **구 사 일 생**
아홉 九 죽을 死 한 一 날 生

② **유 비 무 환**
있을 有 갖출 備 없을 無 근심 患

③ **일 취 월 장**
날 日 나아갈 就 달 月 장수 將

④ **천 고 마 비**
하늘 天 높을 高 말 馬 살찔 肥

'하늘은 높고 말은 살찐다'
➡ 날씨가 좋은 가을을 나타낸다.

'아홉 번 죽을 뻔하다 한 번 살아난다'
➡ 위험한 상황을 여러 번 넘기고 간신히 목숨을 건졌다.

'날마다 달마다 앞으로 나아가다'
➡ 하루하루 끊임없이 노력하여 발전해 나아간다.

'준비가 되어 있으면 근심이 없다'
➡ 평소에 다가올 상황을 예상해 미리 대비를 해 놓으면 큰 걱정을 할 일이 없다.

▶정답은 103쪽에

08

가로세로 교과서 낱말 퍼즐

→ 가로

② 생물이 자기 자손을 늘리는 현상. 예세균의 ㅂㅅ

④ 한 사회 안에 여러 민족이나 여러 국가의 문화가 섞여 있음.

⑤ 알에서 나온 새끼벌레.

⑥ 예전에 관청에서 나랏일을 맡아 다스리는 자리.
예ㅂㅅ길에 나아가다.

⑦ 하나를 끊어 가름. 예남북 ㅂㄷ의 시작

⑧ 문화나 사상이 서로 통함.

↓ 세로

❶ 특정 음식만 가려 먹음.

❸ 알을 깨고 새끼가 밖으로 나옴. 비알까기

❺ 소원 따위를 들어 달라고 간청하는 모습을 표현한 말.

❼ 종류별로 가름. 예ㅂㄹ 기준

22

▶정답은 104쪽에

23

09

가로세로 교과서 낱말 퍼즐

➡️ 가로

③ 물건을 받쳐 놓는 받침대.

④ 공기처럼 분자가 자유로운 물질의 상태. 예 고체, 액체, ㄱㅊ

⑤ 지켜야 할 행동 규칙. 예 안전 ㅅㅊ을 지키자.

⑧ 그릇을 씻어 정리하는 일.

⑨ 화산에서 분출된 마그마.

⬇️ 세로

❶ 승객을 태우기 위해 버스나 열차가 머무르는 장소.

❷ 작은 것을 크게 보이게 하는 볼록 렌즈. 예 ㄷㅂㄱ안경

❺ 암수 구별이 있는 동물 중에서 알이나 새끼를 배지 않는 개체.
   반 암컷

❻ 주로 문을 바르는 데 쓰는 우리나라 전통 종이.

❼ 검은색을 띠고, 표면에 구멍이 많은 화산암.
   예 제주도에는 ㅎㅁㅇ이 많다.

▶정답은 104쪽에

가로세로 교과서 낱말 퍼즐

→ 가로

② 자동차가 다닐 정도로 넓은 새로운 길. 반구로

④ 물을 담아 두는 통. 예ㅅㅈ에 물을 가득 담았다.

⑦ 잎 대신 가시가 있고, 주로 사막에 사는 식물.
예사막 ㅅㅇㅈ

⑨ 총각을 예의 있게 부르는 말. 예이 ㄷㄹ이 춘향이에게 반했다네.

↓ 세로

❶ 사정을 어림잡아 헤아리는 일. 예ㅈㅈ이 간다.

❷ 빨강, 노랑, 초록 등 표시로 자동차나 사람의 통행을
안내하는 장치.

❸ 땅으로 둘러싸인 물. 예ㅎㅅ같이 맑은 물

❹ 평평한 표면, 끝없이 평평하게 펼쳐진 면.
예ㅍㅁ도를 보면 집 구조를 알 수 있다.

❻ 연극 공연이나 영화 상영을 위한 시설.

❽ 불에 달구어 구겨진 천을 펴는 기구.
예예전에는 다리미 대신 ㅇㄷ를 사용했다.

❾ 일을 할 때 쓰는 연장을 통틀어 이르는 말.

▶정답은 104쪽에

가로세로 교과서 낱말 퍼즐

→ 가로

② 각 면에 한 개부터 여섯 개까지의 점을 새겨 만든
놀이 도구. 예 ㅈㅅㅇ 놀이

③ 잎과 줄기의 구별이 없고, 바위에 붙어사는 습지 식물.

④ 뜨거운 열기로 방바닥을 덥히는 우리나라 고유의 난방 장치.
예 ㅇㄷ은 한국에 특유한 난방 방식이다.

⑤ 집안이 화목하면 모든 일이 잘 풀린다는 뜻의 한자 성어.

⑦ 섬유를 가공하여 실을 뽑음. 예 ㅂㅈ 공장에서 실을 얻었다.

↓ 세로

❶ 길이나 무게 등의 수량을 나타내는 기준.

❷ 건축물의 기둥 밑에 받쳐 놓은 돌. 예 건물의 ㅈㅊㄷ을 놓다.

❸ 남북 분단 등으로 흩어진 가족.

❻ 한옥에서 손님을 맞아 모시는 방.

▶정답은 104쪽에

가로세로 교과서 낱말 퍼즐

➡ 가로

① 줄기에서 짠 즙으로 설탕을 만드는 풀.

③ 쌀과 같은 곡식을 담는 살림 도구. 예 쌀을 ⓒⓏ에 담다.

⑤ 가게나 기관의 이름을 걸어 붙이는 표지.

⑥ 입이 들여다보일 정도로 넓게 벌어진 모양.
예 ⓗⓑⓉ 웃다.

⑧ 예로부터 전해지는 조상들의 교훈을 표현한 말.

⑨ 농사가 보통의 해보다 잘되지 않은 해. 반 풍년

⬇ 세로

❷ 임금에게 올리는 밥을 짓던 주방.

❹ 혼인의 예식을 주장하여 진행하는 사람. 예 결혼식의 ⓏⓇ를 보았다.

❻ 물속에서 앞으로 나아가기 위해 움직이는 일.

❼ 광택이 나고 전기나 열을 잘 전달하는 고체.
예 ⓖⓢ 탐지기

▶정답은 105쪽에

13 가로세로 교과서 낱말 퍼즐

→ 가로

② 지구의 바깥쪽을 구성하고 있는 단단한 물질.
　ᴄᴇ ⓞⓢ으로 이루어진 산

④ 담는 그릇에 따라 모양이 변하는 물질의 상태.

⑥ 사람이 느끼는 오감 중 하나로 맛을 느끼는 감각.

⑨ 외출할 때 입는 한복의 겉옷.
　ᴄᴇ 할아버지께서 ⓒⓔⓜⓖ를 입고 외출을 하셨다.

↓ 세로

❶ 손으로 잡을 수 있고, 쉽게 모양이 변하지 않는 물질의 상태.
　ᴄᴇ ⓖⓒ, 액체, 기체

❸ 땅속에서 천연으로 나는 검은 기름.
　ᴄᴇ ⓢⓞ를 대신할 에너지 개발이 필요하다.

❺ 두 직선이 만나 이루는 90도의 각.

❼ 곤충의 애벌레가 고치의 속에 들어가 있는 것.

❽ 다른 것에 의존하거나 속하지 않은 상태가 됨. ᴄᴇ 대한 ⓒⓔ 만세!

❾ 농사일을 서로 돕기 위하여 만든 전통 조직.

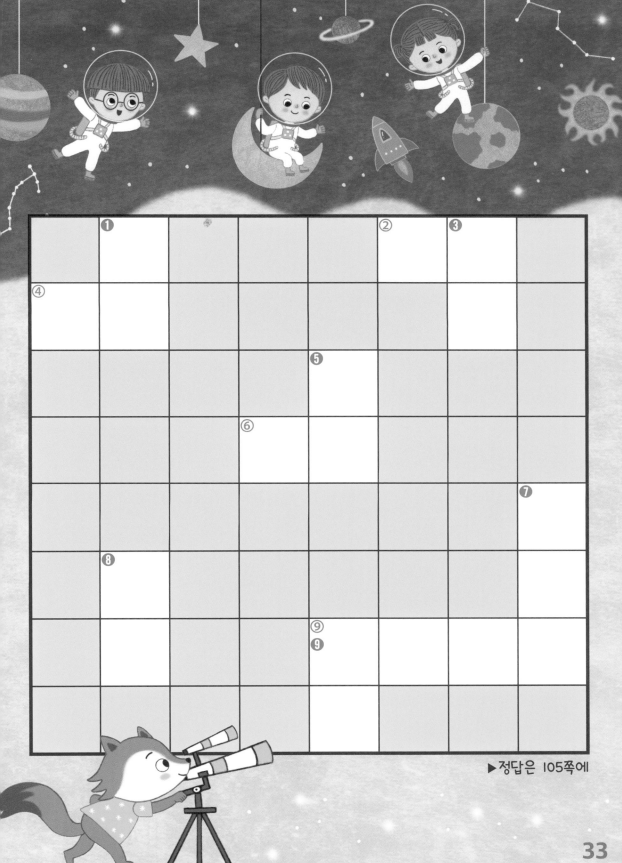

▶ 정답은 105쪽에

가로세로 교과서 낱말 퍼즐

가로

② 산이나 절벽에 부딪혀 되울려 오는 소리. 비산울림

③ 세종대왕이 창제한 우리나라의 글자.

⑥ 솜의 원료가 되는 식물. 예딴 ㅁㅎ에서 실을 뽑는다.

⑧ 고생물의 유해나 흔적이 그대로 보존된 것.

⑨ 썩어서 문드러짐. 예기계가 ㅂㅅ되면 못 쓴다.

세로

❶ 어린아이를 기름.

❹ 조선 시대에 서민들의 생활 모습을 그린 그림.

❺ 정답고 서로 뜻이 맞음.

❼ 바위나 돌 등이 자연 현상에 의해 깎여 나가는 것.
예강물의 ㅊㅅ으로 바위가 깎였다.

❽ 물건이나 서비스를 사는 데 필요한 돈. 비돈

▶정답은 105쪽에

두 그림에서 서로 다른 부분 5곳을 찾아
오른쪽 그림에 ○해요!

▶정답은 105쪽에

가로세로 교과서 낱말 퍼즐

가로

① 일을 하는 순서나 방법. 예 ㅈㅊ가 복잡하다.

④ 기울지 않고 평평한 상태. 비 형평

⑤ 후손들에게 물려줄 만한 가치가 있는 조상들의 문화.

⑧ 산속에 있는 마을. 예 ㅅㅊ 주민들은 밭농사를 했다.

세로

❷ 불평등하게 대우함. 예 인종 ㅊㅂ

❸ 잠수를 전문적으로 하는 사람. 비 잠수원

❻ 가축을 떼로 기르며, 물과 풀을 찾아 이동하며 사는 부족.

❼ 주민들 대부분이 농업에 종사하는 마을.

▶정답은 106쪽에

16

가로세로 교과서 낱말 퍼즐

→ 가로

③ 질병을 예방, 진료하기 위해 각 지역에 둔 공공 의료 기관.

④ 0.1, 0.2, 0.3과 같이 1보다 작은 수.

⑤ 자동차에 기름을 넣는 곳.

⑧ 지구의 둘레를 돌도록 우주에 쏘아 올린 인공의 장치.
예 ⓞⓖⓞⓢ 발사에 성공했다.

⑨ 아랫사람의 잘못을 꾸짖는 말. 비 꾸중

↓ 세로

❶ 꾸밈이 없고, 사치하지 않음. 반 사치

❷ 암컷과 수컷을 아울러 이르는 말.

❹ 시끄러워 불쾌하게 만드는 소리. 예 ⓢⓞ 공해

❻ 사람들이 놀고 즐기기 위해 만든 야외 공간. 비 놀이동산

❼ 청동기 시대의 돌로 만든 무덤 양식.

❿ 물건을 넣도록 나무로 네모나게 만든 그릇. 예 사과 한 ⓖⓦ

▶정답은 106쪽에

가로세로 교과서 낱말 퍼즐

→ 가로

② 사람들의 필요에 비해 매우 드물고 적은 상태.
   예 물보다 다이아몬드가 ⓗⓢⓢ이 있다.

④ 인터넷 세상의 집을 한글로 이르는 말. 비 홈페이지

⑤ 마음속으로 이리저리 따져 생각함.

⑦ 괜히 입 안에 생기는 침. 예 ⓖⓒ을 흘리다.

⑨ 증거들을 바탕으로 알지 못하는 사실을 추측함.

↓ 세로

❶ 크기를 줄여 작게 함. 반 확대

❸ 찾아서 잡아 모음. 예 곤충 ⓒⓙ

❺ 궁궐 안에서 왕과 왕비를 모시는 여성 관리.

❻ 머리에 난 털의 낱개.

❽ 정당한 이유 없이 남의 나라에 쳐들어감.

42

▶정답은 106쪽에

가로세로 교과서 낱말 퍼즐

→ 가로

② 고수의 북장단에 맞추어 소리를 하는 우리나라 고유의 민속악.

③ 석유 따위를 대량으로 실어 나르는 배.

⑦ 세균이나 바이러스가 몸에 들어와서 생긴 병. 예 ㄱㅇㅂ 예방

⑧ 심장의 박동으로 성인은 보통 1분에 60~100회 뛴다.
예 ㅁㅂ이 빠르다.

↓ 세로

❶ 예정되었던 일을 없애 버림. 예 약속을 ㅊㅅ하다.

❷ 법적으로 따져서 옳고 그름을 판단함.

❹ 대상에 맞도록 문제를 조절함. 예 사전에 갈등을 ㅈㅇ해야 한다.

❺ 여럿이 마구 뒤섞여 엉망인 모양을 표현한 말.

❻ 물체나 자연이 더러워진 상태. 예 환경 ㅇㅇ

❼ 마음 깊이 느끼며 놀람. 예 영리함에 ㄱㅌ했다.

▶정답은 106쪽에

45

가로세로 교과서 낱말 퍼즐

가로

② 서로 다른 의견 때문에 충돌함.
   예 형과 동생 사이의 ㉠㉡이 깊어졌다.

④ 자동으로 시각을 알려 주는 조선 시대의 물시계.

⑥ 사회에서 오랫동안 되풀이되어 온 행동 방식. 비 풍속

⑧ 어떤 일이 발생되기 전에 미리 생각한다. 비 예측하다.

세로

❶ 겉으로 보이는 몸의 골격. 예 ㉢㉠이 좋다.

❸ 지도에서 땅의 높이가 같은 지점을 연결한 곡선.

❹ 쇠를 끌어당기는 자성을 가진 물체.

❺ 휴식이나 견학을 위해 야외에 다녀옴. 예 가을 ㉣㉤

❼ 공기 중에 수증기가 들어 있는 정도.

❽ 미리 알림. 예 ㉥㉠도 없이 불쑥 나타났다.

▶정답은 107쪽에

47

가로세로 교과서 낱말 퍼즐

➡ 가로

① 일이나 살림을 아껴서 하는 모양.

② 아랫사람의 잘못을 꾸짖는 말. 비 야단

⑤ 회의에서 더 많은 수의 사람의 의견에 따르는 일.

⑧ 두 선분이 만나는 점 또는 셋 이상의 면이 만나는 점.

⑨ 한복 윗옷 중 하나로 옷을 걸친 후 고름을 맴.
예 아기의 색동 ㅈ ㄱ ㄹ

⬇ 세로

❶ 그런 것 같기도 하고 아닌 것 같기도 한 모양을 나타내는 말.

❸ 지구가 지구의 중심으로 물체를 끌어당기는 힘.
예 사과가 떨어지는 건 ㅈ ㄹ 때문이다.

❹ 비, 눈 등이 일정한 곳에 내린 물의 총량.

❻ 소설이나 영화 등 이야기의 굵직한 흐름.

❼ 몸을 움직이는 모양. 예 초조한 ㅁ ㅈ 이었다.

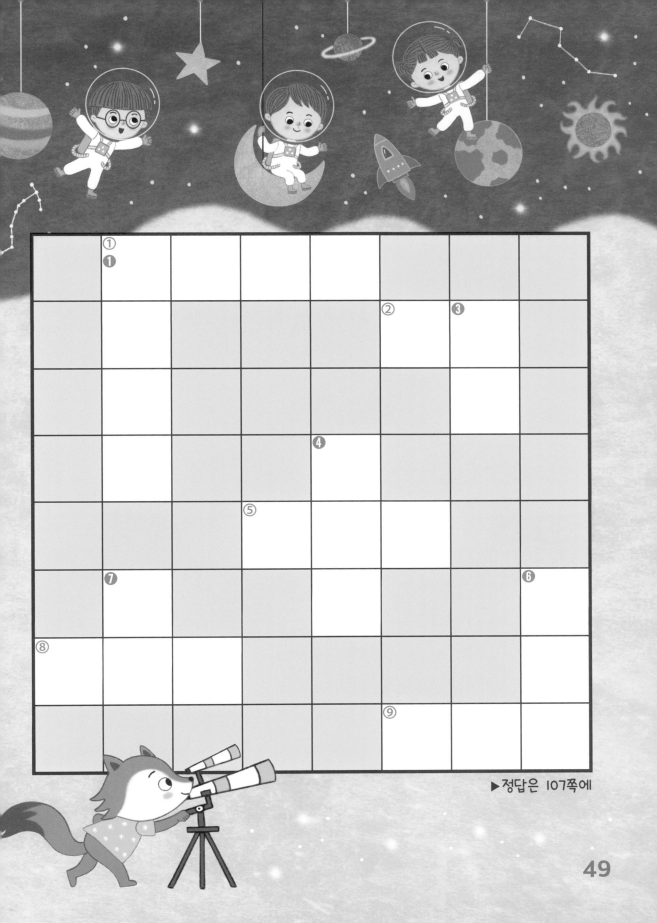

▶정답은 107쪽에

가로세로 교과서 낱말 퍼즐

→ 가로

① 마음이 초조하여 어찌할 바를 모르는 모양을 나타낸 말.

④ 아이를 적게 낳는 것. 예ㅈㅊㅅ으로 인해 인구가 줄어들었다.

⑤ 갑자기 억세게 쏟아지는 비.

⑥ 문을 여닫거나 잠그기 위한 고리.

⑦ 종이에 인쇄한 화폐. 비종이돈

↓ 세로

❷ 높고 험한 낭떠러지 같은 바위.

❸ 어떤 물건이 만들어지거나 생겨난 곳.
예선인장은 사막지대가 ㅇㅅㅈ이다.

❺ 절벽에서 바로 쏟아지는 물줄기.

❻ 말의 구성과 규칙. 예ㅁㅂ에 맞게 글을 써라.

❼ 흙, 모래, 자갈 등이 오랜 시간에 걸쳐 층층이 쌓여 있는 것.

①

②

❸

④

⑤
❺

⑥
❻

⑦
❼

▶정답은 107쪽에

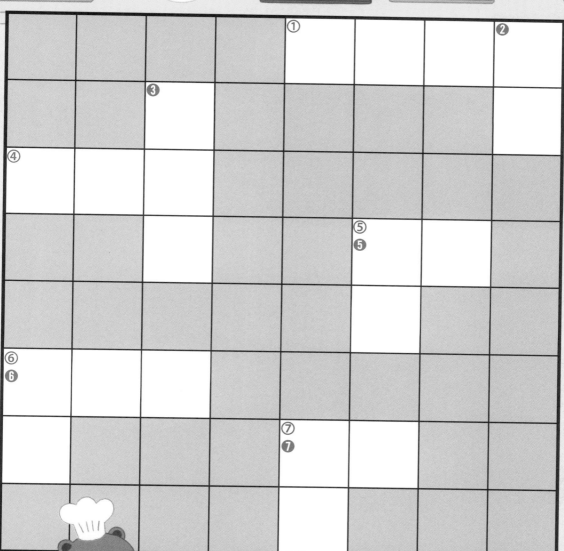

51

우주여행을 하고 있어요. 우주를 날아다니는 운석과
여행을 방해하는 외계인을 피해 지구에 도착해 보세요!

▶정답은 107쪽에

22

가로세로 교과서 낱말 퍼즐

➡️ 가로

① 틀림없다고 믿음. 또는 돈을 빌린 후 갚을 수 있는 능력.
　예 주위 사람들에게 ㅅ◯을 잃다.

② 사회와 국가를 위해 시민들이 자발적으로 만든 단체.

④ 어떤 일을 돕기 위해 채용된 사람.

⑥ 동서남북을 기준으로 하는 방향의 위치.

⑨ 살기 위해 자리를 잡은 곳. 예 조상 대대로 살아온 ㅌㅈ이다.

⬇️ 세로

❶ 세상에서 일어나는 새로운 사건이나 사실을 알리는 정기 간행물.

❸ 몸무게를 재는 저울.

❺ 친구 사이에 생기는 정.

❼ 따뜻한 말이나 행동으로 격려하고 슬픔을 달래 주는 것.
　예 ◯ㄹ의 말을 건네다.

❽ 서로 합의하여 한동안 전쟁을 멈추는 일.

▶정답은 108쪽에

23

가로세로 교과서 낱말 퍼즐

➡️ 가로

① 밀가루를 꿀이나 설탕에 반죽하여 기름에 튀긴, 우리나라 전통 과자.

④ 지역이나 장소의 이름.

⑥ 특정 지방에서 쓰이는 표준어가 아닌 말. 예 부산 ㅅㅌㄹ

⑦ 어려움을 참고 견딤. 예 ㅇㄴ를 하며 기다리자.

⑧ 코의 점막이 자극을 받아 에취 소리를 내며 숨을 내뿜는 일.

⬇️ 세로

❷ 자동차가 달리는 속도가 너무 빠름.

❸ 액체가 맑아 그 속이 환히 비침. 반 불투명

❺ 지역의 일을 결정하기 위해 행하는 투표 제도. 예 ㅈㅁ ㅌㅍ를 통해 결정한다.

❼ 사람이 있는 것 같은 기운.

❽ 생물의 몸 일부가 없어졌을 때 그 부분을 보충하는 현상. 예 도롱뇽의 꼬리는 잘려도 ㅈㅅ된다.

▶정답은 108쪽에

가로세로 교과서 낱말 퍼즐

→ 가로

① 학용품이나 사무용품을 통틀어 이르는 말. 또는 그것들을 파는 곳.

④ 규칙으로 정한 것을 벗어나지 못하게 함.

⑥ 우편물을 배달하는 직업. 비 우체부

⑧ 공공의 이익. 반 사익

↓ 세로

❷ 마땅히 해야 하는 책임과 역할. 예 아버지로서의 ㄱ ㅅ

❸ 과하지 않게 조절하고 막음. 반 무절제

❺ 찾아서 잡아 모음. 예 곤충 ㅊ ㅈ

❼ 먹은 것이 체해 배가 아픔.

❽ 지구의 중생대에 살다 멸종한 동물. 화석으로만 남아 있음.

▶정답은 108쪽에

59

25

가로세로 교과서 낱말 퍼즐

→ 가로

① 물건을 싼 보자기 뭉치. 〔관〕ㅂㄸㄹ를 싸다.

③ 자원이나 산업을 보다 쓸모 있게 변화시킴. 〔예〕산업 ㄱㅂ

⑤ 필요한 물건이나 서비스를 이용하는 일. 〔예〕ㅅㅂ 증가

⑥ 크게 소리치거나 꾸짖음.

⑦ 삼으로 굵게 꼬아 만든 줄. 〔예〕ㅂㅈ로 묶다.

⑩ 어떤 일을 하기 위한 물건이나 자세가 준비됨.
〔예〕손님 맞을 ㅊㅂ를 했다.

↓ 세로

❶ 잘 보호하여 남김.

❷ 가지고 있는 생각과 뜻이 서로 통함. 〔예〕영어로 ㅇㅅㅅㅌ이 가능하다.

❹ 땅에 묻혀 있는 것을 파냄. 또는 세상에 알려지지 않은 것을
밝혀냄. 〔예〕역사 유적지 ㅂㄱ

❽ 식물에서 물과 양분의 통로가 되는 기관.

❾ 조선 시대까지 있었던 계급으로 주인에게 복종해야 했던 신분.

정답은 108쪽에

61

26 가로세로 교과서 낱말 퍼즐

→ 가로

④ 깨우쳐 보여 줌. 예 신의 ㄱㅅ를 받았다.

⑤ 서로 옳다 틀리다 하며 다투는 모양.

⑥ 오해 없이 서로 잘 통함.

⑧ 산의 절벽 따위에 부딪혀 되울려 오는 소리. 비 메아리

↓ 세로

❶ 사실을 감추기 위해 다른 일을 내세움.
예 바쁘다는 ㅍㄱ로 나오지 않았다.

❷ 기와집, 초가집 등과 같은 한국의 전통 가옥.

❸ 서로 떨어진 곳에 있는 사람들이 소식을 주고받는 것.
예 이동 ㅌㅅ 분야의 발전

❼ 나누어진 것을 다시 합침. 또는 분단된 민족이 다시 하나가
되는 일.

❽ 물건이 산처럼 많이 쌓여 있는 것을 비유하는 말.
예 쓰레기가 ㅅㄷㅁ처럼 쌓여 있다.

❾ 뾰족한 침을 중심으로 잡아 원을 그릴 때 쓰는 기구.

▶정답은 109쪽에

27 가로세로 교과서 낱말 퍼즐

가로

② 종종 밥에 넣어 먹는 크고 길쭉한 모양의 콩. 예 ㄱㄴㅋ 키우기

④ 벼의 싹을 논에 옮겨 심는 일.

⑤ 생명체가 환경에 맞춰 잘 살아가게 된 모습.
예 새로운 환경에 ㅈㅇ이 빠르다.

⑦ 짜인 모양새.

⑨ 지붕의 밑부분으로 뜨거운 볕을 가려 줌. 예 ㅊㅁ 밑에서 비를 피했다.

세로

❶ 높은 건물에서 사람이나 짐을 위아래로 이동시키는 장치.
비 엘리베이터

❸ 흙, 모래, 자갈이 물과 바람에 의해 운반되어 쌓이는 것.

❻ 수증기가 냉각되어 물방울로 맺히는 현상.

❽ 목재, 버섯, 토양 등 산림에서 나는 것을 이용한 산업.

❾ 처하여 있는 상황. 예 ㅊㅈ가 어렵게 되었다.

▶정답은 109쪽에

가로세로 교과서 낱말 퍼즐

28

➡️ 가로

① 맡은 임무 또는 어떤 일의 결과에 대하여 지는 의무.
　예 너에게 ㅊㅇ이 있다.

② 길이, 넓이, 부피, 무게 등의 양을 재는 것.

④ 비가 잘 오지 않아 식물이 자라기 어려운 땅. 예 ㅅㅁ의 선인장

⑤ 사람이 사는 데 필요한 물건이나 서비스를 만들어 내다.

⑥ 지구 위의 땅들이 생긴 모양.

⑦ 귀신을 쫓기 위한 종이.

⬇️ 세로

❶ 책의 읽던 곳을 찾기 쉽게 끼워 두는 물건.
　예 읽던 부분에 ㅊㄱㅍ를 끼웠다.

❸ 네 각이 직각이고, 네 변의 길이가 같은 사각형.

❺ 전체 중 일부를 줄이거나 뺌. 예 이하 ㅅㄹ

❼ 본문 외에 덧붙이는 글. 예 별책 ㅂㄹ

66

▶정답은 109쪽에

다음 그림과 설명을 보고 ○○○에 맞는
낱말을 써 보세요.

나랏말싸미……

○○○○은 세종 대왕과 학자들이
만든 우리나라의 한글이야.

임금이 먹는 밥을 만들던 곳을 ○○○이
라고 해.

석유를
한가득 싣고
가는 중이야!

석유나 휘발유 등을 실어 나르는 배를
○○○이라고 불러.

○○○는 울려 퍼지던 소리가 산이나
절벽에 부딪혀 되돌아오는 소리야.

액체인 물이 끓으면 기체인 ○○○가
되고, 얼면 고체인 얼음이 돼.

단추가 떨어졌을 때는 ○○○로
달아주면 되지.

옛날에는 ○○○에 불을 피워 방을 따뜻
하게 하고 음식도 했어.

우리가 땅을 밟고 서서 지낼 수 있는 건
지구가 사물을 끌어당기는 ○○ 때문이야.

▶정답은 109쪽에

29

가로세로 교과서 낱말 퍼즐

→ 가로

① 아래위가 좁고 가운데가 볼록 나온, 주로 장을 담는 그릇.
예고추장 ⓗⓞⓡ

④ 콩을 털어 내고 남은 껍질. ⓑ꼬투리

⑥ 상식으로는 생각할 수 없는 기이한 일. 예ⓖⓩ을 바라다.

⑦ 물건을 사고팔아 돈을 버는 일. 예ⓢⓞ에 종사하다.

⑨ 책의 첫머리에 그 책에 대한 참고 사항을 설명한 글. ⓑ일러두기

↓ 세로

❷ 솥에 불을 때기 위해 만든 구멍. 예ⓞⓖⓞ에 장작을 넣었다.

❸ 행복한 삶. 예정부는 국민의 ⓗⓩ를 위해 힘쓴다.

❺ 사람들이 풍요롭게 사는 데 필요한 물건이나 서비스를 생산하는 사업. 예자동차 ⓢⓞ

❻ 대기의 온도. 예ⓖⓞ이 내려가서 춥다.

❽ 부부 관계를 약속하는 의식. 예ⓗⓡ를 올리다.

70

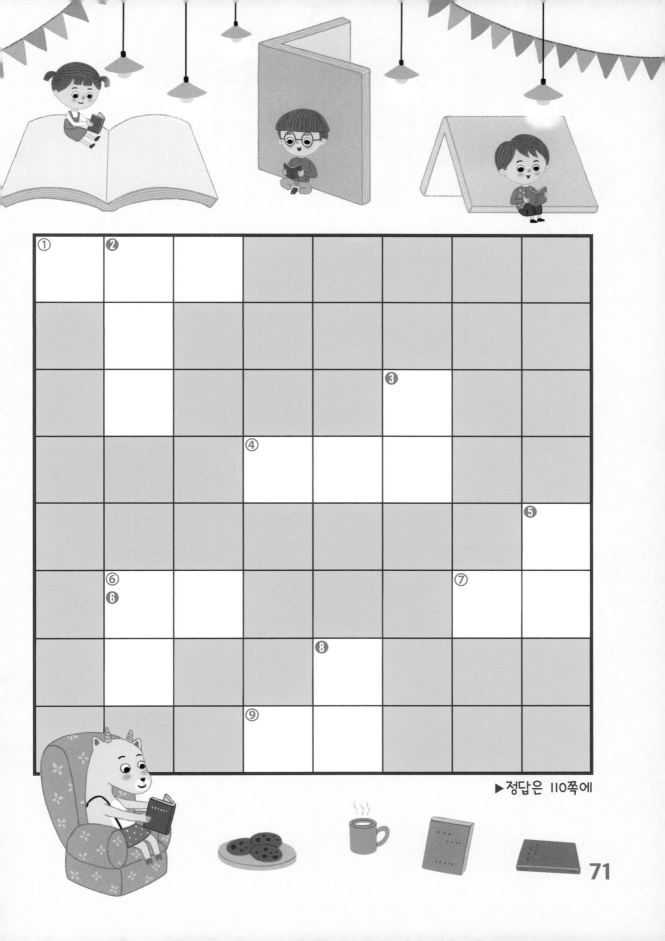

① ② ③ ④ ⑤ ⑥ ⑥ ⑦ ⑧ ⑨

▶정답은 110쪽에

71

30

가로세로 교과서 낱말 퍼즐

➡ 가로

① 새침한 성격을 가진 사람. 예 ㅅㅊㄷㄱ인 여동생

⑤ 물을 100도 이상 끓이면 발생하는 기체 상태의 물.

⑥ 낮에는 연기, 밤에는 횃불로 나라의 큰일을 알리던 통신수단.
   비 봉화

⑦ 예절이 바르고 돈을 탐내지 않으며 학문을 열심히 닦는 사람.

⑨ 처음부터 그곳에 있는 종자. 예 ㅌㅈ 농산물

⬇ 세로

❷ 뜻이 있는 문자나 표시. 예 ㄱㅎ로 나타내다.

❸ 진흙으로 구워 만든 그릇. 예 ㅌㄱ장이는 종일 불 앞에 있다.

❹ 분자와 분모로 이루어져 전체에 대한 부분을 나타내는 수.

❺ 일정한 간격으로 눈금을 표시하여 수를 대응시킨 직선.

❽ 생물의 한 종이 지구상에서 완전히 사라져 버림.

▶정답은 110쪽에

31

가로세로 교과서 낱말 퍼즐

→ 가로

① 길을 가다 사람이 잠시 쉴 수 있게 만든 장소. 예고속도로 ⓗⓖⓢ

③ 생각이나 사실 따위를 글로 써서 표현하는 일.

⑤ 한복에서 저고리 위에 입는 웃옷으로 고름이 없음.

⑥ 마음이 언짢아서 말이 없고 표정이 좋지 않음.
예ⓢⓜⓛ한 표정을 지었다.

⑦ 눈이 수백 수천 년 동안 다져져서 만들어진 얼음덩어리.
예북극의 ⓑⓗ

↓ 세로

❶ 직장에서 신분은 유지된 채로 일을 쉼. 예육아 ⓗⓙ

❷ 땅속 깊은 곳에서 암석이 지열로 녹아 반액체가 된 물질.

❹ 사람들이 꺼리는 시설. 예쓰레기 처리장은 ⓖⓟⓢⓢ이었다.

❽ 지표를 흐르는 물줄기. 강과 시내.

▶정답은 110쪽에

가로세로 교과서 낱말 퍼즐

➡ 가로

② 밭을 갈거나 작물을 운반하는 농업 기계. 예ⓖⓞⓖ로 밭을 갈다.

④ 한쪽으로 치우쳐서 생각하는 태도. 예ⓟⓖ이 심하다.

⑤ 물질이 액체에서 기체로 변하는 현상.

⑦ 네 각이 모두 직각인 사각형.

⑩ 흙으로 빚어 높은 온도에서 구운 그릇.

⬇ 세로

❶ 남의 일이나 말에 끼어들어 쓸데없이 아는 체함.

❸ 대가 없이 물건을 줌. 비기부

❻ 0도보다 크고 직각보다 작은 각.

❽ 살림살이가 풍족한 정도. 비사정

❾ 빛을 받은 물체의 뒷면에 생기는 그늘. 예ⓖⓡⓩ 인형극

▶정답은 110쪽에

가로세로 교과서 낱말 퍼즐

➡️ 가로

② 목구멍 안에 있는 소리를 내는 기관. 비목청

④ 동그랗게 생긴 모양.

⑤ 자극이나 신호가 다른 곳에 전하여짐.

⑦ 잉크로 글과 그림을 종이에 찍어 내는 기술. 예ⓞⓢ된 신문

⑨ 생각만 하고 결정을 하지 못하는 상태.

⬇️ 세로

❶ 사람의 목소리나 말소리. 예다정한 ⓞⓢ

❸ 석가모니 불상을 모시는 절에서 가장 중심이 되는 건물.

❹ 아시아의 동부와 남부를 이르며 서양과 대비되는 말.

❻ 주인이 시키는 일을 하는 사람. 예ⓗⓞ을 부리다.

❽ 옛날부터 전해 내려오는 이야기. 예ⓩⓢ 속 호랑이

▶ 정답은 111쪽에

가로세로 교과서 낱말 퍼즐

① 두 점을 곧게 이은 직선.

③ 일정한 간격으로 가로줄과 세로줄을 그어 작은 정사각형을 만든 것.

⑤ 오랜 시간 동안 물에 깎이고 씻겨 작아진 돌. 예 강가의 ㅈㄱ들

⑦ 사람이 곁에 두고 기르는 동물.

⑩ 바늘과 실로 옷을 꿰매는 일.

⑪ 사람이 많이 살아 교통과 문화가 발달한 지역.
예 불이 환히 켜진 ㄷㅅ의 밤

세로

❷ 분수에서 가로선 위쪽에 있는 수.

❹ 온도계나 저울 등에 표시하여 수를 나타내는 금.

❻ 구리와 주석 등을 섞어 만든 금속. 예 ㅊㄷ으로 만든 동상

❽ 물체를 이루고 있는 재료. 예 설탕은 물에 잘 녹는 ㅁㅈ이다.

❾ 차려입은 옷이 어울리는 모양새.

▶정답은 111쪽에

가로세로 교과서 낱말 퍼즐

가로

② 1부터 시작하여 1씩 커지는 수.

④ 힘을 적게 들이기 위해 바퀴에 끈을 걸어 만든 장치.

⑤ 여럿이 마음과 힘을 합함.

⑥ 먹으면 늙지 않는다고 하는 신비로운 풀.
　예 ⓑⓛⓒ는 상상 속의 약초이다.

⑧ 나무에서 열리는, 먹을 수 있는 식물의 기관.
　예 벚나무의 ⓞⓜ인 버찌

세로

❶ 땅의 경사가 높아지는 곳.

❸ 수단과 방법.

❺ 좁고 깊은 골짜기. 예 ⓗⓖ과 폭포를 간신히 지났다.

❼ 마음이 조마조마하고 애가 탐.

❾ 실이나 끈을 묶어 생긴 마디. 예 ⓜⓒ이 풀리다.

▶정답은 111쪽에

83

퀴즈 05

아래는 '자연 현상'에 관련된 낱말들이에요.
오른쪽 판에서 글자를 가로, 세로, 대각선으로 이어
10개의 낱말을 모두 찾아보세요.

강수량

고체

수증기

미세먼지

서리

그림자

빙하

장마

화산

폭포

이	강	수	지	번	본	채	므	상	니
자	머	수	여	치	고	우	리	유	민
우	바	는	량	혀	체	치	미	세	므
서	리	시	붕	혜	어	꼬	세	주	영
르	러	사	수	증	기	크	먼	주	흐
파	허	보	고	침	치	머	지	호	머
히	장	민	잔	그	림	자	어	흐	빈
윤	호	마	광	지	인	서	훈	빙	하
지	유	이	인	정	재	화	피	노	와
리	폭	포	봄	약	밤	사	산	누	아

▶정답은 111쪽에

36

가로세로 교과서 낱말 퍼즐

➡️ 가로

① 울리고 흔들림.

② 일을 끝맺음. 🔳시작

⑤ 두 변이 만나 이루는 각의 정도.

⑥ 자연 그대로의 모습을 보존하기 위해 국가에서 지정한 것.

⑧ 사물의 본질이나 본바탕. 🔳ㄱㅂ적인 이유를 찾아야 해결이 쉽다.

⬇️ 세로

❶ 생물이 오랜 시간 동안 환경에 적응하며 생김새가 변화되는 과정.
🔳퇴화

❸ 사람이 살지 않는 섬.

❹ 결혼하지 않은 남자 어른. 🔳처녀

❼ 물이 움직이며 생기는 주름살 같은 모양.

❽ 부지런히 일하여 힘씀. 🔳게으름, 나태

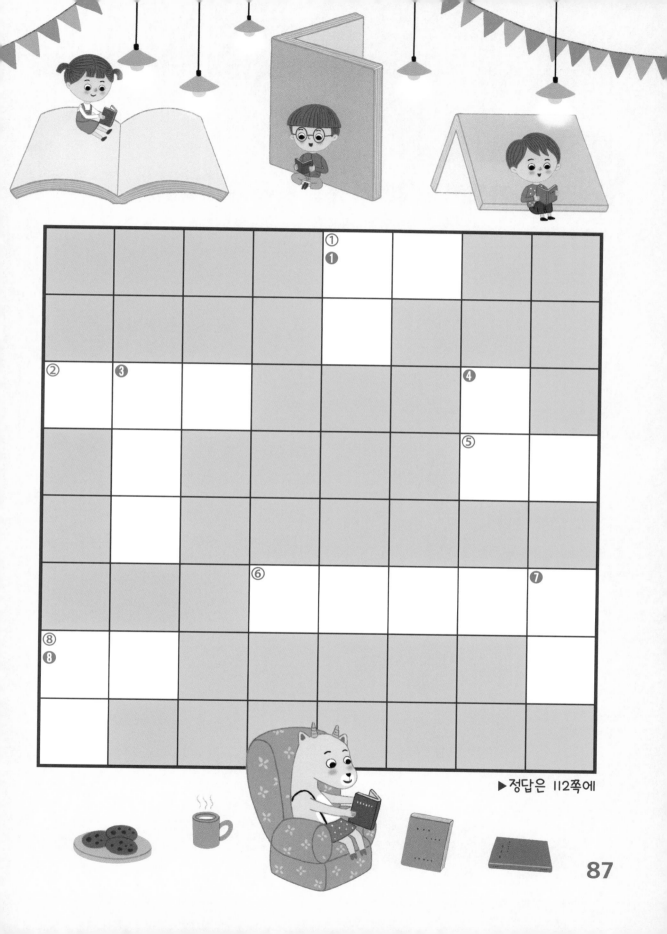

① ❶

② ❸   ④

⑤

⑥   ❼

⑧ ❽

▶정답은 112쪽에

37

가로세로 교과서 낱말 퍼즐

➡️ 가로

① 빛이 가려져 어두운 곳. 예나무 ㉠ㄴ 아래

② 마을이나 절 입구에 세운 사람 모양의 기둥.

③ 빛의 반사로 물체의 표면에서 반짝거리는 빛. 비광, 윤기

④ 조선 시대의 지방을 통치하는 구역의 단위.

⑥ 알지 못하는 어떤 사실이나 사물을 조사함. 예해저 ㉣ㅅ

⑦ 나라와 나라 사이의 경계.

⬇️ 세로

❶ 자료를 점, 선, 그림 등을 사용하여 한눈에 알아보기 쉽게 나타낸 도형. 예인구 변화 ㉠ㄹㅍ

❷ 여름철 여러 날 계속 비가 내리는 날씨.

❹ 옛일에서 유래된 교훈을 담고 있는 한자 단어. 비한자 성어

❺ 뒤쪽의 경치.

▶정답은 112쪽에

38

가로세로 교과서 낱말 퍼즐

→ 가로

① 마음의 자세. 예 ㅁㅇㄱㅈ을 바르게 해라.

③ 나눗셈에서 나누어떨어지지 않고 남는 수.

④ 액체가 끓기 시작해서 기체가 되기 시작하는 온도. 비 비등점

⑧ 겉모습. 예 ㅇㅁ가 번듯하다.

⑨ 2로 나누어떨어지지 않는 수. 반 짝수

↓ 세로

❷ 한군데에서 갈라져 나온 줄기 하나하나. 예 한 ㄱㄷ의 희망

❸ 자기장의 방향으로 동서남북 방위를 찾는 기구.

❺ 아침과 저녁 사이에 먹는 끼니. 비 중식

❻ 잊지 않기 위해 짧게 글로 남김.

❼ 철사를 나선으로 감아서 만든 탄성 있는 물체. 비 스프링

▶정답은 112쪽에

가로세로 교과서 낱말 퍼즐

가로

① 입술을 동그랗게 모아 입김을 불어 내는 소리.
[예] 어디선가 ⓗⓟⓡ 소리가 들린다.

③ 무언가를 한쪽에서 다른 쪽으로 전달하는 수단. [예] 방송 ⓜⓖⓒ

④ 동물의 몸을 감싸고 있는 껍질.

⑤ 조선 시대의 천체 관측 기구.

⑦ 젖을 먹여 새끼를 키우는 동물. [비] 젖먹이 동물

⑧ 이익을 놓치거나 해를 입은 것.

세로

❷ 눈에 보이고 만질 수 있는 모든 것.

❹ 한 집안에서 중요하게 생각하는 가르침. [예] 우리 집 ⓖⓗ은 성실이다.

❺ 여러 물질이 단순히 섞여 있는 것.

❻ 명예를 손상하거나 물건을 못 쓰게 만듦.
[예] 문화 유적 ⓗⓢ이 심각했다.

❾ 인간에게 피해를 주는 모든 벌레. [반] 익충

▶정답은 112쪽에

가로세로 교과서 낱말 퍼즐

➡️ 가로

② 물체의 모가 진 가장자리. 예 ⓜⓢⓡ가 뾰족하다.

④ 생물이 생활하는 주위의 상태.

⑧ 손으로 잡을 수 있게 덧붙여 놓은 것.

⑩ 서로 맞부딪침. 예 의견 ⓒⓓ

⬇️ 세로

❶ 땅에서 물이나 양분을 빨아올리는 식물의 밑동.

❸ 주기적으로 같은 과정이 반복됨. 예 물의 ⓢⓗ

❺ 귀를 기울여 주의 깊게 들음.

❻ 더듬이가 길고, 연한 녹색을 띠며 여치, 메뚜기와 비슷한 곤충.
예 개미와 ⓑⓩⓞ

❼ 겸손하고 예의가 바름. 반 불손

❾ 몸이 머리, 가슴, 배로 나뉘고 다리가 6개인 동물.

▶정답은 113쪽에

95

가로세로 교과서 낱말 퍼즐

➡️ 가로

② 우는 소리.

③ 나라를 지키기 위하여 조직된 군대. 예 ㄱㄱ 장병

④ 빨래, 청소, 밥하기 등 집에서 하는 일.

⑤ 훈민정음의 보급을 기념하는 국경일.

⑦ 옳고 그름을 헤아려 가리는 것. 비 판가름

⬇️ 세로

❶ 두 발을 번갈아 옮겨 나아가는 것.

❸ 나라에서 법으로 정한 경사스러운 날.
예 ㄱㄱㅇ에는 태극기를 단다.

❺ 생명이 태어나 성장하고 죽을 때까지의 과정.

❻ 이야기를 담고 있는 덩어리.
예 하나의 ㅁㄷ은 하나의 주제를 가지고 있다.

❶
②
③
❸
④
⑤
❺
❻
⑦

▶정답은 113쪽에

가로세로 교과서 낱말 퍼즐

→ 가로

① 안부나 용무 등을 적어 보내는 글.

③ 사람이 많이 모여 사는 지역. 예자연이 아름다운 우리 ㉠㉢

④ 나무나 돌, 금속 등을 깎거나 새겨서 입체 형상을 만듦.
예전시된 ㉽㉠ 작품

⑥ 바닷가의 넓은 모래벌판.

⑧ 어떤 일에 관한 생각. 예누구든 나와 ◎㉠이 다를 수 있다.

⑨ 자신의 잘못을 인정하고 잘못을 빎.

↓ 세로

❷ 인류가 사는 천체.

❸ 마음속이 괴롭고 답답함. 비걱정거리

❺ 가족이 정기적으로 모여 서로 의논하는 일.

❼ 동물원에서 동물을 기르거나 훈련하는 일을 직업으로 하는 사람.

▶정답은 113쪽에

친구들이 재미있는 끝말잇기 놀이를 하고 있어요.
<보기>의 설명을 읽고
빈칸에 알맞은 낱말을 넣어 볼까요?

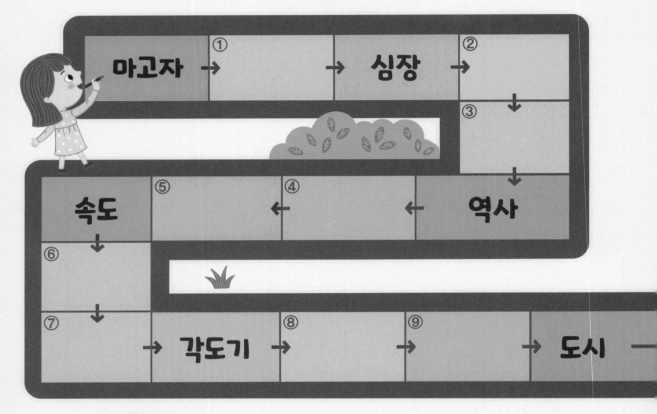

마고자 → ① ___ → 심장 → ② ___
③ ___
속도 → ⑤ ___ → ④ ___ → 역사
⑥ ___
⑦ ___ → 각도기 → ⑧ ___ → ⑨ ___ → 도시

보기

① 자신을 믿고 당당히 여기는 마음.
② 어떤 장소에서 겉으로 드러난 면이나 광경.
③ 몸속에 들어온 병균에 대항하는 항체를 만들어 다음에는 그 병에 걸리지 않도록 된 상태.
④ 새콤달콤한 맛이 나고, 주로 가을에 수확하는 붉은 과일.
⑤ 자동차가 달리는 속도가 너무 빠름.
⑥ 어떤 일을 돕기 위해 채용된 사람.
⑦ 사람이 느끼는 오감 중 하나로 맛을 느끼는 감각.
⑧ 대기의 온도.
⑨ 따뜻함과 차가움의 정도.

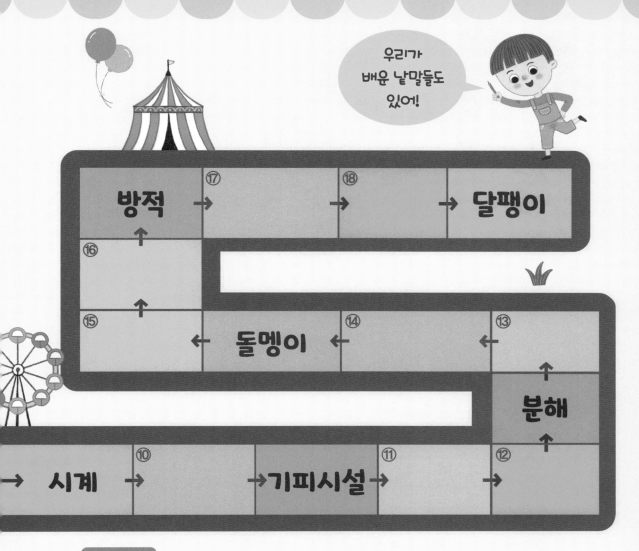

우리가 배운 낱말들도 있어!

| 방적 | ⑰ → | ⑱ → | 달팽이 |

⑯ ↑
⑮ ↑

돌멩이 ← ⑭ ← ⑬

분해 ↑

→ 시계 ⑩ → → 기피시설 ⑪ → ⑫ →

보기

⑩ 계산을 빠르고 정확하게 하기 위해 사용하는 기계.
⑪ 그릇을 씻어 정리하는 일.
⑫ 더럽고 어수선한 모습.
⑬ 인간에게 피해를 주는 모든 벌레.
⑭ 서로 맞부딪침.
⑮ 사는 집이나 일하는 곳을 다른 데로 옮김.
⑯ 한옥에서 손님을 맞아 모시는 방.
⑰ 생명체가 환경에 맞춰 잘 살아가게 된 모습.
⑱ 햇볕이 잘 들지 않는 그늘진 곳.

▶정답은 113쪽에

정답

7쪽

			⁰둔			
	²요	³암	각	⁴화		
	⁵약	호		산		
						⁶강
⁷공	⁸공	기	관		⁹약	점
	경					
			¹⁰표	면		
			결			

9쪽

①화	강	²암				
		컷				
			³분	모		
	④호		해			
	기					
	⑤중	심	⑥지		⁷원	⁸격
			렁			조
	⑨알	갱	이			

11쪽

①당	번				
부		²미	³세	먼	지
			계		
	④지	도	화		
	저			⁵어	⁶촌
	분	⁷행	⁸정		락
			보		
		⁹고	령	화	

13쪽

	①갯	배		²웅		
	벌			덩		
			③들	이		
	④관		⑤퇴	적	⑥암	
⁷서	찰				행	
				⑧어	색	
			⑨답	사		

❶말
❷꼬투리 ❸양심
의식주
❺직선 ❹
진 ❻분
❼완 ❽출처
❾메주

①서식지
리 ②잉③여
의료
주
⑤병 ⑥자 ⑦항
풍속 ⑨앙부일구
심

❶지 ❷반죽
❸허름하다 사
❹겨
❺부❻피 ❼헐레벌떡
라
미
드 ❽지
❾표어

① 구 사 일 생
아홉 九 죽을 死 한 一 날 生

② 유 비 무 환
있을 有 갖출 備 없을 無 근심 患

③ 일 취 월 장
날 日 나아갈 就 달 月 장수 將

④ 천 고 마 비
하늘 天 높을 高 말 馬 살찔 肥

'하늘은 높고 말은 살찐다'
→ 날씨가 좋은 가을을 나타낸다. **4**

'아홉 번 죽을 뻔하다 한 번 살아난다'
→ 위험한 상황을 여러 번 넘기고 간신히 목숨을 건졌다. **1**

'날마다 달마다 앞으로 나아가다'
→ 하루하루 끊임없이 노력하여 발전해 나아간다. **3**

'준비가 되어 있으면 근심이 없다'
→ 평소에 다가올 상황을 예상해 미리 대비를 해 놓으면 큰 걱정을 할 일이 없다. **2**

정답

23쪽

		①편				
	②번	식			③부	
			④다	문	화	
⑤애	벌	레				
걸					⑥벼	슬
복						
걸		⑦분	단			
	⑧교	류				

25쪽

	①정				②돋	
	③거	치	대		보	
	장				④기	체
⑤수	칙			⑤창		
컷				호		⑦현
		⑧설	거	지		무
					⑨용	암

27쪽

	①짐					
②신	작	로		③호		
호				④수	조	
등		⑤평				
		면				⑥극
			⑦선	⑧인	장	
⑨도	령			두		
구						

29쪽

						①단
					②주	사	위
						춧
③이	끼		④온	돌	
산					
⑤가	화	만	⑥사	성	
족			랑		
			⑦방	적	

104

① 사 탕 수 수 ②
라
③ 뒤 ④ 주 ⑤ 간 판
례
⑥ 헤 벌 쭉
엄 ⑦ 금
⑧ 속 담
⑨ 흉 년

① 고 ② 암 ③ 석
④ 액 체 유
⑤ 직
미 각
⑧ 번
⑧ 독 데
립 ⑨ 두 루 마 기
레

① 육
② 메 아 리 ③ 훈 ④ 민 정 음
화
⑤ 화
⑥ 목 화
⑦ 침
⑧ 화 석 ⑨ 부 식
폐

정답

39쪽

				①절	②차	
	③잠				별	
	④수	평				
	부					
			⑤문	화	⑥유	산
					목	
	⑦농				민	
⑧산	촌					

41쪽

		①검			②암	
③보	건	소		④소	수	
				음		
⑤주	⑥유	소		⑦고		
	원			⑧인	공	위	성
⑨꾸	지	람		돌		
			⑩궤			
			짝			

43쪽

				①축		
			②희	소	성	
		③채				
④누	리	집		⑤궁	리	
		⑥머		녀		
⑦군	⑧침		⑨추	리		
	략		카			
			락			

45쪽

					①취	
				②판	소	리
	③유	④조	선		결	
		율				
					⑤뒤	
		⑥오			죽	
⑦감	염	병		⑧맥	박	
탄					죽	

106

47쪽

	체			갈	등
자	격	루			고
석					선
		소			
		풍	습		
			도		
			예	상	하	다
			고		

49쪽

알	뜰	살	뜰		
쏭			꾸	중
달				력
쏭		강	
	다	수	결
몸		량	줄
꼭	짓	점	거
		저	고	리

51쪽

			안	절	부	절
		원				벽
저	출	산	지
		지	폭	우
			포
문	고	리
법		지	폐
		층

52쪽~53쪽

107

정답

55쪽

	①신	용				
	문		②시	민	단	③체
						중
④도	⑤우	미				계
	정					
					⑥방	⑦위
				⑧휴		로
			⑨터	전		

57쪽

		①한	②과			
			속			③투
					④지	명
		⑤주				
		민				
⑥사	투	리			⑦인	내
		표		⑧재	채	기
				생		척

59쪽

		①문	방	②구		
				실		
		③절				
④규	제			⑤채		
				⑥집	배	⑦원
		⑧공	익		탈	
		룡				

61쪽

			①보	따	리	
	②의		존			
	사			③개	④발	
	⑤소	비			굴	
⑥호	통					
		⑦밧	⑧줄			
			기		⑨노	
				⑩채	비	

63쪽

①핑			②한		③통
④계	시		⑤옥	신	각	신
	⑥소	⑦통			
		일		⑧산	울	림
		컴		더	
		퍼		미	
		스			

65쪽

			①승			
		②강	낭	콩	③퇴
④모	내	기			⑤적	⑥응
						결
	⑦짜	⑧임				
		업				
				⑨처	마	
				지		

67쪽

	①책	임			
	갈		②측	③정	
	피			④사	막
				각	
⑤생	산	하	다	⑥지	형
략					
			⑦부	적	
			록		

68쪽

나랏말싸미……

○○○○은 세종 대왕과 학자들이 만든 우리나라의 한글이야.

훈	민	정	음

임금이 먹는 밥을 만들던 곳을 ○○○이라고 해.

수	라	간

석유를 한가득 싣고 가는 중이야!

석유나 휘발유 등을 실어 나르는 배를 ○○○이라고 불러.

유	조	선

○○○는 울려 퍼지던 소리가 산이나 절벽에 부딪혀 되돌아오는 소리야.

메	아	리

69쪽

액체인 물이 끓으면 기체인 ○○○가 되고, 얼면 고체인 얼음이 돼.

수	증	기

단추가 떨어졌을 때는 ○○○로 달아주면 되지.

바	느	질

옛날에는 ○○○에 불을 피워 방을 따뜻하게 하고 음식도 했어.

아	궁	이

우리가 땅을 밟고 서서 지낼 수 있는 건 지구가 사물을 끌어당기는 ○○ 때문이야.

중	력

정답

71쪽

①항	②아	리				
	궁					
	이			③복		
			④콩	깍	지	
						⑤산
	⑥기	적			⑦상	업
	온		⑧혼			
		⑨범	례			

73쪽

		①새	침	데	②기		
					호		
			③토				④분
⑤수	증	기			⑥봉	수
직						
선	비			⑧멸		
			⑨토	종		

75쪽

①휴	게	소			
직			②마		
			그		
	글	쓰	④기	⑤마	고	자
			피		
		⑥시	무	룩	
⑦빙	⑧하	설			
	천				

77쪽

	①참			②경	운	기
④편	견				③증	발
			⑤예			
	⑦직	사	각	⑧형		
			편		⑨그	
					림	
				⑩도	자	기

110

①음					
②성	③대		④동	그	라	미
	웅		양		
	⑤전	달			
	⑥하				
	⑦인	쇄		⑧전	
			망	설	임

①선	②분			③모	④눈
	⑤자	갈			금
			⑥청		
		⑦반	려	동	물
		⑧물		⑨옷	
⑩바	느	질		맵	
			⑪도	시	

	①오		②자	연	수
④도	르	래			법
	막				
		⑤협	③동		
		곡			
			⑥불	로	⑦초
⑧열	⑨매				조
	듭				

이	강	수	지	번	본	채	므	상	니
자	머	수	여	치	고	우	리	유	민
우	바	는	량	혀	체	치	미	세	므
서	리	시	붕	혜	어	꼬	세	주	영
르	러	사	수	증	기	크	먼	주	흐
파	허	보	고	침	치	머	지	호	머
히	장	민	잔	그	림	자	어	흐	빈
윤	호	마	광	지	인	서	훈	빙	하
지	유	이	인	정	재	화	피	노	와
리	폭	포	봉	약	밤	사	산	누	아

111

정답

87쪽

				ⓛ진	동		
				화		④총	
②마	③무	리			⑤각	도	
	인				각	도	
	도						
			⑥천	연	기	념	⑦물
⑧근	본						결
면							

89쪽

	ⓛ그	늘					
	래				②장	승	
	프				마		
		③광	택				
				④고	을		
	⑤배		⑥탐	사			
⑦국	경			성			
				어			

91쪽

ⓛ마	음	②가	짐			
		닥		③나	머	지
				침		
	④끓	는	⑤점	반		
			심			
		⑥메			⑦용	
⑧외	모			⑨홀	수	
					철	

93쪽

ⓛ휘	파	람				②물
					③매	개	체
		④가	죽			
		훈				
			⑤혼	천	의	
			합		⑥훼	
⑦포	유	동	물		⑧손	⑨해
						충

95쪽

			①뿌			
	②모	서	리			
			③순			
			④환	⑤경		
		⑥베		청		
⑦공		짱				
⑧손	잡	이			⑨곤	
					⑩충	돌

97쪽

	①걸					
②울	음	소	리			
					③국	군
					경	
				④집	안	일
⑤한	글	날				
살					⑥문	
이				⑦판	단	

99쪽

	①편	②지				
		구	③고	장		
			민	④조	각	
⑤가						
족						
회		⑥모	래	⑦사	장	
⑧의	견			육		
				⑨사	과	

100쪽

마고자 → ①자부심 → 심장 → ②장면 → ③면역 → 역사 ← 사과 ← ④과속 ← ⑤속도 → ⑥도우미 → ⑦미각 → ⑧각도기 → 기온 → ⑨온도 → 도시 →

101쪽

시계 → ⑩계산기 → 기피시설 → ⑪설거지 → 지저분 ← 분해 ← ⑬해충 ← 충돌 ← ⑭돌멩이 ← ⑮이사 ← ⑯사랑방 → 방적 → ⑰적응 → ⑱응달 → 달팽이

ㄱ

가닥 한군데에서 갈라져 나온 줄기 하나하나.

가족회의 가족이 정기적으로 모여 서로 의논하는 일.

가죽 동물의 몸을 감싸고 있는 껍질.

가화만사성 집안이 화목하면 모든 일이 잘 풀린다는 뜻의 한자 성어.

가훈 한 집안에서 중요하게 생각하는 가르침.

각도 두 변이 만나 이루는 각의 정도.

간판 가게나 기관의 이름을 걸어 붙이는 표지.

갈등 서로 다른 의견 때문에 충돌함.

감염병 세균이나 바이러스가 몸에 들어와서 생긴 병.

감탄 마음 깊이 느끼며 놀람.

강낭콩 종종 밥에 넣어 먹는 크고 길쭉한 모양의 콩.

강수량 비, 눈 등이 일정한 곳에 내린 물의 총량.

강점 남들보다 더 뛰어난 점.

개발 자원이나 산업을 보다 쓸모 있게 변화시킴.

갯배 갯가에서 물을 건너는 작은 배.

갯벌 바닷가에서 썰물이 되면 물 밖으로 드러나는 평탄한 땅.

거치대 물건을 받쳐 놓는 받침대.

걸음 두 발을 번갈아 옮겨 나아가는 것.

검소 꾸밈이 없고, 사치하지 않음.

겨레 같은 핏줄을 이어받은 민족.

격조 격식에 맞는 가락.

경운기 밭을 갈거나 작물을 운반하는 농업 기계.

경청 귀를 기울여 주의 깊게 들음.

계시 깨우쳐 보여줌.

고령화 한 사회에서 노인의 인구 비율이 높은 상태.

고민 마음속이 괴롭고 답답함.

고사성어 옛일에서 유래된 교훈을 담고 있는 한자 단어.

고을 조선 시대의 지방을 통치하는 구역의 단위.

고인돌 청동기 시대의 돌로 만든 무덤 양식.

고장 사람이 많이 모여 사는 지역.

고체 손으로 잡을 수 있고, 쉽게 모양이 변하지 않는 물질의 상태.

곤충 몸이 머리, 가슴, 배로 나뉘고 다리가 6개인 동물.

공경 공손히 받들어 모심.

공공기관 국가나 사회의 이익을 위해 일하는 기관.

공룡 지구의 중생대에 살다 멸종한 동물. 화석으로만 남아 있음.

공손 겸손하고 예의가 바름.

공익 공공의 이익.

과속 자동차가 달리는 속도가 너무 빠름.

관찰 물체나 현상을 주의 깊게 살펴봄.

광택 빛의 반사로 물체의 표면에서 반짝거리는 빛.

교류 문화나 사상이 서로 통함.

구실 마땅히 해야 하는 책임과 역할.

국경 나라와 나라 사이의 경계.

국경일 나라에서 법으로 정한 경사스러운 날.

국군 나라를 지키기 위하여 조직된 군대.

군침 괜히 입 안에 생기는 침.

궁녀 궁궐 안에서 왕과 왕비를 모시는 여성 관리.

궁리 마음속으로 이리저리 따져 생각함.

궤짝 물건을 넣도록 네모나게 만든 그릇.

규제 규칙으로 정한 것을 벗어나지 못하게 함.

그늘 빛이 가려져 어두운 곳.

그래프 자료를 점, 선, 그림 등을 사용하여 한눈에 알아보기 쉽게 나타낸 도형.

그림자 빛을 받은 물체의 뒷면에 생기는 그늘.

극장 연극 공연이나 영화 상영을 위한 시설.

근면 부지런히 일하여 힘씀 .

근본 사물의 본질이나 본바탕.

글쓰기 생각이나 사실 따위를 글로 써서 표현하는 말.

금속 광택이 나고 전기나 열을 잘 전달하는 고체.

기온 대기의 온도 .

기적 상식으로는 생각할 수 없는 기이한 일.

기증 대가 없이 물건을 줌.

기체 공기처럼 분자가 자유로운 물질의 상태.

기피시설 사람들이 꺼리는 시설.

기호 뜻이 있는 문자나 표시.

꼬투리 콩과 식물의 씨앗을 싸고 있는 껍질.
꼭짓점 두 선분이 만나는 점 또는 셋 이상의 면이 만나는 점.
꾸중 아랫사람의 잘못을 꾸짖는 말.
꾸지람 아랫사람의 잘못을 꾸짖는 말.
끓는점 액체가 끓기 시작해서 기체가 되기 시작하는 온도.

ㄴ

나머지 나눗셈에서 나누어떨어지지 않고 남는 수.
나침반 자기장의 방향으로 동서남북 방위를 찾는 기구.
노비 조선 시대까지 있었던 계급으로 주인에게 복종해야 했던 신분.
농촌 주민들 대부분이 농업에 종사하는 마을.
누리집 인터넷 세상의 집을 한글로 이르는 말.
눈금 온도계나 저울 등에 표시하여 수를 나타내는 금.

ㄷ

다문화 한 사회 안에 여러 민족이나 여러 국가의 문화가 섞여 있음.
다수결 회의에서 더 많은 수의 사람의 의견에 따르는 일.
단위 길이나 무게 등의 수량을 나타내는 기준.
답사 현장에 가서 직접 조사함.
당번 어떤 일을 책임지는 차례가 된 사람.
당부 말로 단단히 하는 부탁.
대웅전 석가모니 불상을 모시는 절에서 가장 중심이 되는 건물.
도구 일을 할 때 쓰는 연장을 통틀어 이르는 말.
도령 총각을 예의 있게 부르는 말.
도르래 힘을 적게 들이기 위해 바퀴에 끈을 걸어 만든 장치.
도시 사람이 많이 살아 교통과 문화가 발달한 지역.
도우미 어떤 일을 돕기 위해 채용된 사람.
도자기 흙으로 빚어 높은 온도에서 구운 그릇.
독립 다른 것에 의존하거나 속하지 않은 상태가 됨.
돋보기 작은 것을 크게 보이게 하는 볼록 렌즈.
동그라미 동그랗게 생긴 모양.
동양 아시아의 동부와 남부를 이르며 서양과 대비되는 말.

두레 농사일을 서로 돕기 위하여 만든 전통 조직.

두루마기 외출할 때 입는 한복의 겉옷.

둔각 90도보다 크고 180도보다 작은 각.

뒤주 쌀과 같은 곡식을 담는 살림 도구.

뒤죽박죽 여럿이 마구 뒤섞여 엉망인 모양을 표현한 말.

들이 그릇 안에 넣을 수 있는 최대의 양.

등고선 지도에서 땅의 높이가 같은 지점을 연결한 곡선.

ㅁ

마고자 한복에서 저고리 위에 입는 웃옷으로 고름이 없음.

마그마 땅속 깊은 곳에서 암석이 지열로 녹아 반액체가 된 물질.

마무리 일을 끝맺음.

마음가짐 마음의 자세.

말투 말을 하는 버릇.

망설임 생각만 하고 결정을 하지 못하는 상태.

매개체 무언가를 한쪽에서 다른 쪽으로 전달하는 수단.

매듭 실이나 끈을 묶어 생긴 마디.

맥박 심장의 박동으로 성인은 보통 1분에 60~100회 뛴다.

머리카락 머리에 난 털의 낱개.

메모 잊지 않기 위해 짧게 글로 남김.

메아리 산이나 절벽에 부딪혀 되울려 오는 소리.

메주 간장, 된장, 고추장을 담그는 원료. 콩으로 만든다.

멸종 생물의 한 종이 지구상에서 완전히 사라져 버림.

모내기 벼의 싹을 논에 옮겨 심는 일.

모눈 일정한 간격으로 가로줄과 세로줄을 그어 작은 정사각형을 만든 것.

모래사장 바닷가의 넓은 모래벌판.

모서리 물체의 모가 진 가장자리.

목화 솜의 원료가 되는 식물.

몸짓 몸을 움직이는 모양.

무인도 사람이 살지 않는 섬.

문고리 문을 여닫거나 잠그기 위한 고리.

문단 이야기를 담고 있는 덩어리.

문방구 학용품이나 사무용품을 통틀어 이르는 말. 또는 그것들을 파는 곳.

문법 말의 구성과 규칙.

문화유산 후손들에게 물려줄 만한 가치가 있는 조상들의 문화.

물결 물이 움직이며 생기는 주름살 같은 모양.

물질 물체를 이루고 있는 재료.

물체 눈에 보이고 만질 수 있는 모든 것.

미각 사람이 느끼는 오감 중 하나로 맛을 느끼는 감각.

미세먼지 눈에 보이지 않을 정도로 작은 먼지.

민화 조선 시대에 서민들의 생활 모습을 그린 그림.

ㅂ

바느질 바늘과 실로 옷을 꿰매는 일.

반려동물 사람이 곁에 두고 기르는 동물.

반사 쏘아진 무언가가 다시 돌아감.

반죽 가루에 물을 부어 이겨서 갬.

발굴 땅에 묻혀 있는 것을 파냄. 또는 세상에 알려지지 않은 것을 밝혀냄.

밧줄 삼으로 굵게 꼬아 만든 줄.

방위 동서남북을 기준으로 하는 방향의 위치.

방적 섬유를 가공하여 실을 뽑음.

배경 뒤쪽의 경치.

배탈 먹은 것이 체해 배가 아픔.

번데기 곤충의 애벌레가 고치의 속에 들어가 있는 것.

번식 생물이 자기 자손을 늘리는 현상.

범례 책의 첫머리에 그 책에 대한 참고 사항을 설명한 글.

베짱이 더듬이가 길고, 연한 녹색을 띠며 여치, 메뚜기와 비슷한 곤충.

벼슬 예전에 관청에서 나랏일을 맡아 다스리는 자리.

병풍 방 안에 세울 수 있고, 접었다 폈다 할 수 있는 나무틀로 짠 판.

보건소 질병을 예방, 진료하기 위해 각 지역에 둔 공공 의료 기관.

보따리 물건을 싼 보자기 뭉치.

보존 잘 보호하여 남김.

복지 행복한 삶.

봉수 낮에는 연기, 밤에는 횃불로 나라의 큰일을 알리던 통신수단.

부록 본문 외에 덧붙이는 글.

부식 썩어서 문드러짐.

부적 귀신을 쫓기 위한 종이.

부피 물건이 공간에서 차지하는 크기.

부화 알을 깨고 새끼가 밖으로 나옴.

분단 하나를 끊어 가름.

분류 종류별로 가름.

분모 분수에서 가로줄 아래에 있는 수나 식.

분수 분자와 분모로 이루어져 전체에 대한 부분을 나타내는 수.

분자 분수에서 가로선 위쪽에 있는 수.

분출 액체나 기체가 솟구쳐 나오는 모습.

분해 결합되어 있던 것을 낱낱이 나눔.

불로초 먹으면 늙지 않는다고 하는 신비로운 풀.

빙하 눈이 수백 수천 년 동안 다져져서 만들어진 얼음덩어리.

뿌리 땅에서 물이나 양분을 빨아올리는 식물의 밑동.

ㅅ

사과 자신의 잘못을 인정하고 잘못을 빎.

사랑방 한옥에서 손님을 맞아 모시는 방.

사막 비가 잘 오지 않아 식물이 자라기 어려운 땅.

사육사 동물원에서 동물을 기르거나 훈련하는 일을 직업으로 하는 사람.

사탕수수 줄기에서 짠 즙으로 설탕을 만드는 풀.

사투리 특정 지방에서 쓰이는 표준어가 아닌 말.

산더미 물건이 산처럼 많이 쌓여 있는 것을 비유하는 말.

산업 사람들이 풍요롭게 사는 데 필요한 물건이나 서비스를 생산하는 사업.

산울림 산의 절벽 따위에 부딪혀 되울려 오는 소리.

산촌 산속에 있는 마을.

상업 물건을 사고팔아 돈을 버는 일.

새침데기 새침한 성격을 가진 사람.

생략 전체 중 일부를 줄이거나 뺌.

생산하다 사람이 사는 데 필요한 물건이나 서비스를 만들어 내다.

서리 수증기가 땅이나 물체에 얼어붙어 있는 것.

서식지 생물이 자리를 잡고 사는 곳.

서찰 안부나 용무를 적어 보내는 글을 나타내는 옛말.

석유 땅속에서 천연으로 나는 검은 기름.

선분 두 점을 곧게 이은 직선.

선비 예절이 바르고 돈을 탐내지 않으며 학문을 열심히 닦는 사람.

선인장 잎 대신 가시가 있고, 주로 사막에 사는 식물.

설거지 그릇을 씻어 정리하는 일.

성대 목구멍 안에 있는 소리를 내는 기관.

세계화 세계의 많은 나라를 이해하는 일.

소비 필요한 물건이나 서비스를 이용하는 일.

소수 0.1, 0.2, 0.3과 같이 1보다 작은 수.

소음 시끄러워 불쾌하게 만드는 소리.

소통 오해 없이 서로 잘 통함.

소풍 휴식이나 견학을 위해 야외에 다녀옴.

속담 예로부터 전해지는 조상들의 교훈을 표현한 말.

손잡이 손으로 잡을 수 있게 덧붙여 놓은 것.

손해 이익을 놓치거나 해를 입은 것.

수라간 임금에게 올리는 밥을 짓던 주방.

수법 수단과 방법.

수조 물을 담아 두는 통.

수증기 물을 100도 이상 끓이면 발생하는 기체 상태의 물.

수직선 일정한 간격으로 눈금을 표시하여 수를 대응시킨 직선.

수칙 지켜야 할 행동 규칙.

수컷 암수 구별이 있는 동물 중에서 알이나 새끼를 배지 않는 개체.

수평 기울지 않고 평평한 상태.

순환 주기적으로 같은 과정이 반복됨.

습도 공기 중에 수증기가 들어 있는 정도.

승강기 높은 건물에서 사람이나 짐을 위아래로 이동시키는 장치.

시무룩 마음이 언짢아서 말이 없고 표정이 좋지 않음.

시민단체 사회와 국가를 위해 시민들이 자발적으로 만든 단체.

신문 세상에서 일어나는 새로운 사건이나 사실을 알리는 정기 간행물.

신용 틀림없다고 믿음. 또는 돈을 빌린 후 갚을 수 있는 능력.

신작로 자동차가 다닐 정도로 넓은 새로운 길.

신호등 빨강, 노랑, 초록 등 표시로 자동차나 사람의 통행을 안내하는 장치.

아궁이 솥에 불을 때기 위해 만든 구멍.

안절부절 마음이 초조하여 어찌할 바를 모르는 모양을 나타낸 말.

알갱이 작은 열매나 곡식 낱알.

알뜰살뜰 일이나 살림을 아껴서 하는 모양.

알쏭달쏭 그런 것 같기도 하고 아닌 것 같기도 한 모양을 나타내는 말.

암각화 바위나 동굴의 벽에 칠하거나 새긴 그림.

암석 지구의 바깥쪽을 구성하고 있는 단단한 물질.

암수 암컷과 수컷을 아울러 이르는 말.

암컷 암수 구별이 있는 동물 중에서 알이나 새끼를 배는 개체.

암행어사 조선 시대에 왕명을 받아 비밀리에 지방을 순찰하던 임시 관직.

앙부일구 세종대왕의 명으로 만들어진 조선 시대의 해시계.

애걸복걸 소원 따위를 들어 달라고 간청하는 모습을 표현한 말.

애벌레 알에서 나온 새끼벌레.

액체 담는 그릇에 따라 모양이 변하는 물질의 상태.

약점 남에게 뒤떨어지거나 떳떳하지 못한 점.

약호 간단하고 알기 쉽게 만든 부호.

양식 일정한 형식.

양심 옳고 그름의 판단을 내리는 도덕적인 마음.

어색 마주 대하기 자연스럽지 못함.

어촌 사는 사람들이 주로 어업에 종사하는 마을.

여의주 용의 턱 아래에 있는 신비한 구슬.

열매 나무에서 열리는, 먹을 수 있는 식물의 기관.

예각 0도보다 크고 직각보다 작은 각.

예고 미리 알림.

예상하다 어떤 일이 발생되기 전에 미리 생각한다.

오르막 땅의 경사가 높아지는 곳.

오염 물체나 자연이 더러워진 상태.

옥신각신 서로 옳다 틀리다 하며 다투는 모양.

온돌 뜨거운 열기로 방바닥을 덥히는 우리나라 고유의 난방 장치.

옷맵시 차려입은 옷이 어울리는 모양새.

완주 목표 지점까지 다 달림.

외모 겉모습.

요약 말이나 글을 간추림.

용수철 철사를 나선으로 감아서 만든 탄성 있는 물체.

용암 화산에서 분출된 마그마.

우정 친구 사이에 생기는 정.

울음소리 우는 소리.

웅덩이 움푹 패어 물이 괴어 있는 곳.

원격 멀리 떨어져 있음.

원산지 어떤 물건이 만들어지거나 생겨난 곳.

위로 따뜻한 말이나 행동으로 격려하고 슬픔을 달래주는 것.

유목민 가축을 떼로 기르며, 물과 풀을 찾아 이동하며 사는 부족.

유원지 사람들이 놀고 즐기기 위해 만든 야외 공간.

유조선 석유 따위를 대량으로 실어 나르는 배.

육아 어린아이를 기름.

음성 사람의 목소리나 말소리.

응결 수증기가 냉각되어 물방울로 맺히는 현상.

의견 어떤 일에 관한 생각.

의료 의술로 병을 고치는 일.

의사소통 가지고 있는 생각과 뜻이 서로 통함.

의식주 옷과 음식과 집.

이끼 잎과 줄기의 구별이 없고, 바위에 붙어사는 습지 식물.

이산가족 남북 분단 등으로 흩어진 가족.

인공위성 지구의 둘레를 돌도록 우주에 쏘아 올린 인공의 장치.

인기척 사람이 있는 것 같은 기운.

인내 어려움을 참고 견딤.

인두 불에 달구어 구겨진 천을 펴는 기구.

인쇄 잉크로 글과 그림을 종이에 찍어 내는 기술.

임업 목재, 버섯, 토양 등 산림에서 나는 것을 이용한 산업.

잉여 쓰고 남은 것.

ㅈ

자갈 오랜 시간 동안 물에 깎이고 씻겨 작아진 돌.

자격루 자동으로 시각을 알려 주는 조선 시대의 물시계.

자부심 자신을 믿고 당당히 여기는 마음.

자석 쇠를 끌어당기는 자성을 가진 물체.

자연수 1부터 시작하여 1씩 커지는 수.

잠수부 잠수를 전문적으로 하는 사람.

장마 여름철 여러 날 계속 비가 내리는 날씨.

장승 마을이나 절 입구에 세운 사람 모양의 기둥.

재생 생물의 몸 일부가 없어졌을 때 그 부분을 보충하는 현상.

재채기 코의 점막이 자극을 받아 에취 소리를 내며 숨을 내뿜는 일.

저고리 한복 윗옷 중 하나로 옷을 걸친 후 고름을 맴.

저출산 아이를 적게 낳는 것.

적응 생명체가 환경에 맞춰 잘 살아가게 된 모습.

전달 자극이나 신호가 다른 곳에 전하여짐.

전설 옛날부터 전해 내려오는 이야기.

절벽 높고 험한 낭떠러지 같은 바위.

절제 과하지 않게 조절하고 막음.

절차 일을 하는 순서나 방법.

점심 아침과 저녁 사이에 먹는 끼니.

정거장 승객을 태우기 위해 버스나 열차가 머무르는 장소.

정보화 지식을 정보의 형태로 가공함.

정사각형 네 각이 직각이고, 네 변의 길이가 같은 사각형.

조각 나무나 돌, 금속 등을 깎거나 새겨서 입체 형상을 만듦.

조율 대상에 맞도록 문제를 조절함.

주례 혼인의 예식을 주장하여 진행하는 사람.

주민 투표 지역의 일을 결정하기 위해 행하는 투표 제도.

주사위 각 면에 한 개부터 여섯 개까지의 점을 새겨 만든 놀이 도구.

주유소 자동차에 기름을 넣는 곳.

주춧돌 건축물의 기둥 밑에 받쳐 놓은 돌.

줄거리 소설이나 영화 등 이야기의 굵직한 흐름.

줄기 식물에서 물과 양분의 통로가 되는 기관.

중력 지구가 지구의 중심으로 물체를 끌어당기는 힘.

중심지 활동의 중심이 되는 곳.

증발 물질이 액체에서 기체로 변하는 현상.

지구 인류가 사는 천체.

지도 땅의 모양을 크기를 줄여 평면에 나타낸 그림.

지렁이 몸이 긴 원통형으로 가늘고, 마디가 많으며 흙 속에 사는 동물.

지름 원의 중심을 지나는 직선.

지명 지역이나 장소의 이름.

지저분 더럽고 어수선한 모습.

지층 흙, 모래, 자갈 등이 오랜 시간에 걸쳐 층층이 쌓여 있는 것.

지폐 종이에 인쇄한 화폐.

지표 땅의 겉면.

지형 지구 위의 땅들이 생긴 모양.

직각 두 직선이 만나 이루는 90도의 각.

직사각형 네 각이 모두 직각인 사각형.

직선 곧은 선.

직진 한 방향으로 곧게 나아감.

진동 울리고 흔들림.

진화 생물이 오랜 시간 동안 환경에 적응하며 생김새가 변화되는 과정.

짐작 사정을 어림잡아 헤아리는 일.

집배원 우편물을 배달하는 직업.

집안일 빨래, 청소, 밥하기 등 집에서 하는 일.

짜임 짜인 모양새.

ㅊ

차별 불평등하게 대우함.

참견 남의 일이나 말에 끼어들어 쓸데없이 아는 체함.

창호지 주로 문을 바르는 데 쓰는 우리나라 전통 종이.

채비 어떤 일을 하기 위한 물건이나 자세가 준비됨.

채집 찾아서 잡아 모음.

책갈피 책의 읽던 곳을 찾기 쉽게 끼워 두는 물건.

책임 맡은 임무 또는 어떤 일의 결과에 대하여 지는 의무.

처마 지붕의 밑부분으로 뜨거운 볕을 가려 줌.

처지 처하여 있는 상황.

천연기념물 자연 그대로의 모습을 보존하기 위해 국가에서 지정한 것.

청동 구리와 주석 등을 섞어 만든 금속.

체격 겉으로 보이는 몸의 골격.

체중계 몸무게를 재는 저울.

초조 마음이 조마조마하고 애가 탐.

촌락 여러 집이 모여 사는 시골의 마을.

총각 결혼하지 않은 남자 어른.

추리 증거들을 바탕으로 알지 못하는 사실을 추측함.

축소 크기를 줄여 작게 함.

출처 어떤 말이나 사물이 생긴 근거.

충돌 서로 맞부딪침.

취소 예정되었던 일을 없애 버림.

측정 길이, 넓이, 부피, 무게 등의 양을 재는 것.

침략 정당한 이유 없이 남의 나라에 쳐들어감.

침식 바위나 돌 등이 자연 현상에 의해 깎여 나가는 것.

ㅋ

컴퍼스 뾰족한 침을 중심으로 잡아 원을 그릴 때 쓰는 기구.

콩깍지 콩을 털어 내고 남은 껍질.

ㅌ

탐사 알지 못하는 어떤 사실이나 사물을 조사함.

터전 살기 위해 자리를 잡은 곳.

토기 진흙으로 구워 만든 그릇.

토종 처음부터 그곳에 있는 종자.

통신 서로 떨어진 곳에 있는 사람들이 소식을 주고받는 것.

통일 나누어진 것을 다시 합침. 또는 분단된 민족이 다시 하나가 되는 일.

퇴적 흙, 모래, 자갈이 물과 바람에 의해 운반되어 쌓이는 것.

퇴적암 사암, 역암처럼 퇴적 작용으로 생긴 암석.

투명 액체가 맑아 그 속이 환히 비침.

ㅍ

판결 법적으로 따져서 옳고 그름을 판단함.

판단 옳고 그름을 헤아려 가리는 것.

판소리 고수의 북장단에 맞추어 소리를 하는 우리나라 고유의 민속악.

편견 한쪽으로 치우쳐서 생각하는 태도.

편식 특정 음식만 가려 먹음.

편지 안부나 용무 등을 적어 보내는 글.

평면 평평한 표면, 끝없이 평평하게 펼쳐진 면.

포유동물 젖을 먹여 새끼를 키우는 동물.

폭우 갑자기 억세게 쏟아지는 비.

폭포 절벽에서 바로 쏟아지는 물줄기.

표결 투표를 하여 결정함.

표면 물체의 가장 바깥 부분.

표어 주장을 간결하게 나타낸 짧은 말.

풍속 예로부터 전해 오는 사회의 습관.

풍습 사회에서 오랫동안 되풀이되어 온 행동 방식.

피라미드 사각뿔 모양으로 고대 이집트 왕족 무덤의 한 형식.

핑계 사실을 감추기 위해 다른 일을 내세움.

ㅎ

하인 주인이 시키는 일을 하는 사람.

하천 지표를 흐르는 물줄기. 강과 시내.

한과 밀가루를 꿀이나 설탕에 반죽하여 기름에 튀긴, 우리나라 전통 과자.

한글날 훈민정음의 보급을 기념하는 국경일.

한살이 생명이 태어나 성장하고 죽을 때까지의 과정.

한옥 기와집, 초가집 등과 같은 한국의 전통 가옥.

항구 바닷가에서 배가 안전하게 드나드는 곳.

항아리 아래위가 좁고 가운데가 볼록 나온, 주로 장을 담는 그릇.

해충 인간에게 피해를 주는 모든 벌레.

행정 정치나 사무를 행함.

허름하다 값이 좀 싼 듯하다.

헐레벌떡 숨을 거칠게 몰아쉬는 모양.

헤벌쭉 입이 들여다보일 정도로 넓게 벌어진 모양.

헤엄 물속에서 앞으로 나아가기 위해 움직이는 일.

현무암 검은색을 띠고, 표면에 구멍이 많은 화산암.

협곡 좁고 깊은 골짜기.

협동 여럿이 마음과 힘을 합함.

형편 살림살이가 풍족한 정도.

호기심 새로운 것을 알고 싶어 하는 마음.

호수 땅으로 둘러싸인 물.

호통 크게 소리치거나 꾸짖음.

혼례 부부 관계를 약속하는 의식.

혼천의 조선 시대의 천체 관측 기구.

혼합물 여러 물질이 단순히 섞여 있는 것.

홀수 2로 나누어떨어지지 않는 수.

화강암 흰색이나 엷은 회색을 띠며 건물을 지을 때 많이 쓰는 단단한 암석.

화목 정답고 서로 뜻이 맞음.

화산 마그마가 지표의 약한 부분을 뚫고 분출하여 생긴 산.

화석 고생물의 유해나 흔적이 그대로 보존된 것.

화폐 물건이나 서비스를 사는 데 필요한 돈.

환경 생물이 생활하는 주위의 상태.

훈민정음 세종대왕이 창제한 우리나라의 글자.

훼손 명예를 손상하거나 물건을 못 쓰게 만듦.

휘파람 입술을 동그랗게 모아 입김을 불어 내는 소리.

휴게소 길을 가다 사람이 잠시 쉴 수 있게 만든 장소.

휴전 서로 합의하여 한동안 전쟁을 멈추는 일.

휴직 직장에서 신분은 유지된 채로 일을 쉼.

흉년 농사가 보통의 해보다 잘되지 않은 해.

희소성 사람들의 필요에 비해 매우 드물고 적은 상태.

1판 1쇄 발행 2022년 1월 17일

글 해피이선생(이상학), 이정아
그림 이덕진
사진 shutter stock
펴낸이 김준성   **펴낸곳** 도서출판 키움
구성 당근에듀   **편집** 꿈틀   **디자인** design S
주소 경기도 파주시 회동길 325-16   **홈페이지** www.kwbook.com
등록 2003.6.10(제18-144호)   **전화** 02-887-3271,2   **팩스** 031-941-3273